AF362426

LA FÉE URGELE,

COMÉDIE
EN QUATRE ACTES,

MESLÉE D'ARIETTES;

Représentée devant Leurs Majestés,
à Fontainebleau, le 26 Octobre 1765.

DE L'IMPRIMERIE,

De Christophe Ballard, Seul Imprimeur du
Roi pour la Musique, & Noteur de la Chapelle
de Sa Majesté.

M. DCC. LXV.

Par exprés Commandement de Sa Majesté.

Les Paroles font de MM. * * *

La Mufique de M. DUNI, Compofiteur de
Mufique & Penfionnaire de feu Son Alteffe
Royal L'INFANT DON PHILIPPE,
Duc de Parme, &c. &c.

Les Ballets font de la compofition de MM. LAVAL,
Pere & Fils, Compofiteurs des Ballets
de Sa Majefté.

ACTEURS DES CHŒURS.

LES DEMOISELLES,

Canavas.	Bouillon.
Bertin.	Desjardins.
Favier.	Daigremont.
Dubois, C.	Mezieres.
Camus.	Lemonier.
De Chevremont.	Dumas.
Aubert.	

LES SIEURS,

Ducroc.	Charles.
Joguet.	Joly.
L'Évêque.	Meon.
Cochois.	Bolfon.
Bofquillon.	Le Begue.
Guerin.	Bazire.
Abraham.	Camus. L.
Roifain.	Befche 3ᵉ.
Cachelievre.	Feret.
Caze.	Favier.
Lecuyer.	Puceneau.
Daigremont.	

ACTEURS DE LA PIÉCE.

LA FÉE URGELE, MARTHON,	La Dlle. la Ruette.
ROBINETTE, THÉRESE, *Bergere*,	La Dlle. Collet.
UNE VIEILLE,	La Dlle. Favart.
LE CHEVALIER ROBERT,	Le Sr. Clerval.
LA HIRE, *Ecuyer de Robert*,	Le Sr. Caillot.
LA REINE BERTHE,	La Dlle. Desgland.
DENISE, *Villageoise*, L'AVOCATE GÉNÉ-RALE de la Cour d'A-mour,	La Dlle. Catinon.
VIEILLES CONSEIL-LERES de la Cour d'Amour.	Les Srs. Chanville & Baletti.
L'HUISSIER,	La Dlle. Léonore.
PHILINTHE, *Berger*,	Le Sr. Lobreau.
LICIDAS, *autre Berger*,	Le Sr. Beaupré.
LISETTE, *Bergere*,	La Dlle. Adélaïde.
LE GRAND VENEUR,	Le Sr. de Heſſe.

SEIGNEURS, DAMES & VARLETS de la Suite de la Reine BERTHE.

PLUSIEURS CONSEILLERES de la Cour d'Amour & de Beauté.

NYMPHES, Suivantes de la Fée URGELE.

CHEVALIERS ERRANS, amis de ROBERT.

PERSONNAGES DANSANS.

ACTE SECOND.

VILLAGEOISES.

Les Dlles. Saint-Martin, Godeau., Grandi,
Baffe, Pagès, Petitot.

PERSONNAGES DANSANS.

ACTE TROISIEME.

TROUPADOURS.

Le Sr. Dauberval.   La Dlle. Allard.

La Dlle. Guimard.

Les Srs. Beat, Cezeron, Giguet, Doffion,
Allard , Dubois.

Les Dlles. Buard, Lafont , Lacroix, Villette,
Lahaye, Cornu.

PERSONNAGES DANSANS.

ACTE QUATRIEME.

CHEVALIERS ERRANS.

Le Sr. Veſtris.

Les Srs. Leger , Riviere, Trupty, Rogier,

NIMPHES.

La Dlle. Veſtris.

Les Dlles. Petitot, Rey, Godeau.

LA FÉE URGELE,
COMÉDIE.

ACTE PREMIER.

Le Théâtre repréſente un Payſage des plus agréables. On voit dans l'éloignement le Palais du Roi Dagobert.

SCENE PREMIERE.

MARTHON, ROBINETTE,
MARTHON.

ARIETTE.

Non, non, je ne puis me défendre
D'aimer ce généreux Guerrier ;
Ah ! ſi ſon cœur devenoit tendre....,
A ſon ſort je veux me lier.
Ne détruis pas mon eſpérance,
Je puis triompher en ce jour.
Richeſſe, honneur, grandeur, naiſſance,
Tout diſparoît devant l'Amour.

ROBINETTE.

Quoi! vous penfez à l'époufer?

MARTHON.

J'y penfe.

ROBINETTE.

Mais fongez-vous à la diftance?....

MARTHON.

L'Amour n'en connoît point. Je plairai, je m'en
  crois.
        Seroit-ce la premiere fois
Que la fimplicité, même fon apparence,
D'un brave Chevalier auroit fixé le choix?
Employons, s'il le faut, & l'adreffe & la rufe.
Qu'il foupçonne un rival.

ROBINETTE.

Ces détours font adroits.

MARTHON.

Si je fais plus que je ne dois,
L'Amour me fervira d'excufe.

ROBERT, *fans être vu.*

La Hire.

MARTHON.

Paix, j'entends fa voix.

ROBERT.

La Hire.

LA HIRE.

Monfeigneur.

SCENE SECONDE.

ROBERT, LA HIRE, MARTHON, ROBINETTE.

(Robert paroît sur son cheval, dans le fond du Théâtre ; il descend donne sa lance à la Hire.)

ROBERT.

LA Hire ;
Attache mon coursier à l'un de ces ormeaux,
Le charme de ces lieux m'attire,
Et la douceur de l'air qu'on y respire,
M'invite à jouir du repos.

MARTHON.

Éloignons-nous pour paroître à propos.

SCENE TROISIEME.

ROBERT *seul.*

ARIETTE.

LA belle chofe
Que d'être Chevalier !
On prend la caufe
De l'Univers entier.
On rompt lance fur lance,
On repare les torts,
On fe bat à toute outrance
Contre les gens les plus forts.

La belle chofe,
Que d'être Chevalier !
On prend la caufe
De l'Univers entier.
D'un bras puiffant,
On foutient l'innocent,
  On entreprend,
  On furprend
   Un Géant,
   Un brigand,
    S'il fuit,
  On le pourfuit,
  S'il fe défend,
  On le pourfend,

La belle chofe , &c.

[Il s'affied fur un banc de verdure à l'ombre
d'un Alifier.]

SCENE QUATRIEME.

ROBERT, LA HIRE, *avec un colletin de Pellerin, & une gourde à sa ceinture.*

LA HIRE.

SIRE Robert, mon bon, mon très - cher
maître,
Vous reprenez haleine en ce séjour champêtre;
Il faut que vous soyez bien las,
J'en suis ravi.

ROBERT.

Pourquoi ?

LA HIRE *s'assied aussi.*

C'est que je m'aime;
Quand je suis fatigué, si vous ne l'êtes pas,
Vous avancez toujours d'une vitesse extréme;
Vous prenez le galop quand je me traîne au pas.
C'est vainement que mon dépit éclate,
Vous partez le matin, vous arrivez fort tard,
Et vous n'avez aucun égard
Pour une santé délicate.

ROBERT.

Le pauvre petit fait pitié !

LA HIRE.

Un voyage si long m'a fondu de moitié;
Mais cet endroit me plaît, son aspect me délasse.

La belle vue ! ont voit à découvert
Le Palais du Roi Dagobert.

ROBERT.

Quel Prince ! il faut le mettre dans la claſſe
Des Rois aimés de leurs ſujets :
De mortels comme lui , la nature eſt avare.
En Italie on voit des monumens parfaits ;
Mais un Monarque aimé, que la ſageſſe pare ;
Eſt un tréſor plus précieux , plus rare ;
Son Royaume animé par ſes adorateurs,
Tenant tout ſon bonheur des vertus d'un ſeul
homme,
Ne porte point envie aux raretés de Rome,
L'une fixe les yeux, l'autre fixe les cœurs.

LA HIRE.

Grace au Ciel, nous voilà revenus de nos courſes,
Il étoit tems ayant épuiſé les reſſources.
Votre armure, votre cheval,
Vingt écus dans votre valiſe,
Voilà tout votre capital :
Car dans ces maudits tems de criſe,
L'argent ne va jamais qu'aux mains des gens.....

ROBERT.

Tais toi,
Peux tu , dégouté de la gloire,
Te détacher du char de la victoire,
Et d'un noble Ecuyer abandonner l'emploi ?
Toi qui peux être un jour Chevalier comme moi.

LA HIRE.

Ah ! le maudit métier ! j'en vais conter l'hiftoire.

ARIETTE.

Toujours par monts & par vaux ,
Sans un inftant de repos ,
Errant,
Courant
Les avantures,
Du froid , du chaud
Il faut effuyer les injures ,
Faire des défis ,
Expofer fa vie :
Voilà les profits
De la Chevalerie.

Trouver un Objet friand ,
N'ofer baifer que fon gand ,
Rien que fon gand;
Sans pain ,
Sans vin ,
Vivre de gloire ,
Paffer chaque nuit
Sans lit :
Et tout le jour fans boire ,
Trouver fon bien pris
Et fa douce Amie ;
Voilà les profits
De la Chevalerie.

ROBERT.

Va, j'en crois mes preffentimens ;
Mon ami la Hire, & j'augure
Qu'avant qu'il foit très-peu de tems ;
Il pourra m'arriver quelque heureufe avanture.

SCENE CINQUIEME.

MARTHON, ROBINETTE.
Les Acteurs précédens.

MARTHON *reparoît, ayant devant elle une corbeille remplie de fleurs.*

ARIETTE.

JE vends des bouquets,
De jolis bouquets,
Ils font tout frais.   [*bis.*]
Hâtez-vous d'en faire ufage,
Un feul jour les endommage.

Je vends des bouquets, &c.

C'eft l'image d'un Objet charmant :
C'eft l'hommage d'un tendre Amant.
Hâtez-vous d'en faire ufage,
Un feul jour les endommage.

Si-tôt qu'on voit la fleur nouvelle,
Il faut promptement la cueillir ;
Fraîcheur d'amour paffe comme elle ;
Il n'eft qu'un tems pour le plaifir,
Hâtez-vous d'en faire ufage,
C'eft la parure du jeune âge.

Je vends des bouquets, &c.

[*Pendant cette Ariette, la Hire délace le Cafque de fon Maître.*]

ROBERT.

Ah ! les gentilles paſtourelles !

LA HIRE.

Voilà deux vrais morceaux de Chevalier errant,
Vos preſſentimens ſont fidèles.

ROBINETTE *bas à Marthon.*

Il vous a remarquée.

MARTHON, *bas à Robinette.*

Oui. (*haut*) ſuis moi promptement,

ROBINETTE, *haut.*

N'arriveras-tu pas aſſés-tôt à la ville ?
Tu ne marchas jamais auſſi legérement.
Marthon.

MARTHON.

Je ſuis une fois plus agile
Lorſque mon cœur a du contentement.
Tu ſçais que j'ai chez nous une affaire preſſée
Ce ſoir avec Colin, je ſerai fiancée.
Quand j'aurai vendu mes œillets,
Je partirai l'inſtant d'après
Pour regagner notre demeure ;
Je les vendrai moins cher, pour hâter le débit :
Colin m'attend, cela ſuffit ;
Si je puis avancer mon retour d'un quart d'heure,
N'eſt-ce pas faire du profit ?

ROBERT.
Je trouve ce Colin un heureux perfonnage.
LA HIRE.
Et vous voudriez bien rompre fon mariage ?
ROBERT.
Oui je donnerois tout mon bien....
MARTHON.
Comment vous écoutez les filles?
ROBINETTE.
Ah! Monfieur, cela n'eft pas bien,
C'eft découvrir les fecrets des familles.
ROBERT.
Je voudrois que Marthon pût fe douter du mien.
LA HIRE.
Sa compagne, Monfieur, n'eft pas moins mer-
veilleufe.
Ce petit minois là n'a pas un feul défaut.
ROBINETTE.
N'approchez pas, je fuis peureufe.
LA HIRE.
En ce cas là, je fuis ce qu'il vous faut.
ROBERT.
Qu'elle a d'attraits!
LA HIRE.
La rencontre eft heureufe.
MARTHON.
Ah! Robinette, hélas je prévois nos malheurs.
Ces Meffieurs avec qui nous avons l'honeur d'être,
Pourroient bien être des voleurs.
ROBINETTE.

ROBINETTE.

J'en ai peur.

ROBERT.

C'est mal nous connoître.

LA HIRE.

Portez sur nous des jugemens meilleurs :
Mon maître me ressemble, & c'est un honnête
  homme.
Nous trouvons tous les deux vos charmes en-
  chanteurs ;
Nous nous y connoissons, nous revenons de Rome ;
  Et nous sommes deux Amateurs.

ROBINETTE.

Je ne sçais pas, Monsieur, ce que vous voulez
  dire.

MARTHON.

Retirons nous.

ROBERT.

Demeurez un moment.

LA HIRE.

Permettez que l'on vous admire.

ROBERT.

Parlons un peu de votre Amant,
C'est quelque garçon de village ?
Vous méritez un fort mille fois plus heureux.

MARTHON.

Non, Colin remplit tous mes vœux :
Nous sommes pauvres ; mais travailler nous
  soulage,
  Le travail est notre héritage,
Il nous suffit ; nous jouissons du jour,
Nous avons l'apetit, le sommeil & l'amour.

B

ROBERT.

L'Amour !

LA HIRE.

L'Amour !

ROBINETTE.

En faut-il d'avantage ?

LA HIRE.

Ce mot eſt d'un heureux préſage

(*A Robinette.*)
Et vous aimez auſſi ?

ROBINETTE.

Non, mais j'aurai mon tour.

MARTHON.

ARIETTE.

Ah ! que l'Amour
Eſt choſe jolie !
Avec l'Amour
Toute la vie
Paſſe comme un jour.
Sur l'épine fleurie,
Tous les oiſeaux d'alentour
Dans leur douce mélodie,
Répétent tour à tour :
Ah ! que l'Amour
Eſt choſe jolie , &c.

Si je dors , il me réveille ,
Si par hazard je ſommeille ,
Attentif à mon bonheur ,
Il vient avec douceur
Me dire à l'oreille :
Ah ! que l'Amour, &c.

ROBERT.
Vous me faites penser de même,
Belle Marthon ; il ne faut que vous voir
Et pour sentir & pour sçavoir,
Qu'on n'est heureux que lorsqu'on aime.

LA HIRE *à Robinette.*
Je vous en dis autant.

MARTHON *à Robert.*
Ne nous arrêtez plus.
Colin compte le tems quand je le fais attendre ;
Quand je ne le vois point mes momens font perdus.

ROBERT.
Je veux vous épargner la peine du voyage,
Je prends tous les bouquets, & c'est votre
avantage ;
Je vous en promets vingt écus,
Pourvû que vous donniez un baiser par dessus.

MARTHON.
Nenni.

ROBERT.
Souffrez. . ..

MARTHON.
Non.

ROBERT.
Que je vous embrasse.

LA HIRE.
J'imiterai mon maître.

MARTHON.
Oh ! finissez.

ROBINETTE.
De grace. . . .
B ij

MARTHON.

Ah ! vous renverſez mes œillets,
Et vous marchez deſſus.

ROBERT.

Paix, paix !

MARTHON.

ARIETTE.

Ces œillets étoient à ma mere
Et mon panier en étoit plein ;
Mais hélas ! comment vais-je faire ?
Le baiſer étoit à Colin.

(Pendant cette ariette la Hire & Robinette ra-
maſſent les fleurs & les remettent dans
le panier.)

ROBERT.

Je réparerai cette perte.

LAHIRE.

Ah ! Monſeigneur alerte, alerte,
Votre cheval s'enfuit par ces guérêts.

ROBERT.

Vite, vite courons après.

MARTHON.

Et mes vingt écus....?

SCENE SIXIEME.

MARTHON, ROBINETTE.

MARTHON.

IL me laisse ;
Mais je sçaurai le retrouver
Et jusqu'à ce qu'il me connoisse,
Je lui permets de me braver.

*(On entend le Chœur suivant qui se chante
d'abord derriere le Theâtre.)*

LE CHŒUR.

Ah ! que le tems, que le tems est beau !
Quel plaisir ! quel plaisir pour la chasse à l'oiseau.

MARTHON.

La Reine Berthe en ces lieux vient se rendre,
J'ai mon projet, elle pourra m'entendre.

ROBINETTE.

Comment vous allez l'accuser ?

MARTHON.

C'est un moyen pour l'épouser.

SCENE SEPTIEME.

LA REINE BERTHE *paroît en habit de chasse, l'oisel sur le poing. Elle est accompagnée de Seigneurs & Dames de sa Cour, de ses Varlets, du Grand Veneur & autres Officiers de sa Fauconnerie.*

CHŒUR.

AH ! que le tems, que le tems est beau !
Quel plaisir ! quel plaisir pour la chasse à l'oiseau.

BERTHE.

ARIETTE.

'A l'ombre de cet Alisier,
Écoutez-moi, jeunes Fillettes ;
L'Amour est un franc Épervier
  Et vous en êtes
  Les Fauvettes.
Par vos chants vous l'attirez,
  Vous préparez
  Vos défaites,
Il plane, plane dans l'air,
Vous endort avec ses ailes,
Et plus vîte que l'éclair,
Vous prend dans ses serres cruelles,

L'Amour eft un franc épervier ;
Gardez-vous de l'oublier,
Ecoutez-moi, jeunes Fillettes :
Retenez-bien, jeunes Fillettes,
L'Amour eft un franc épervier,
Et vous en êtes
Les Fauvettes.

MARTHON.

Noble Princeffe il eft trop vrai ;
Je viens pour mon malheur d'en faire un trifte
effai.

ARIETTE.

O Reine, foyez-moi propice,
J'arrofe vos pieds de mes pleurs ;
Juftice, juftice, juftice,
Prenez pitié de mes malheurs.

BERTHE.

Levez vous, mon enfant, (*à part.*) tout parle
en fa faveur.

(*Haut.*)

Qui peut caufer votre douleur ?

MARTHON.

Joyeufe, innocente & tranquille
Je portois des fleurs à la Ville,
Quand un Chevalier déloyal,

Subitement est venu me surprendre,
D'autant plus dangereux qu'il avoit un air tendre.
Je ressens à sa vüe un trouble sans égal,
D'abord je songe à me défendre,
Je veux le fuir, il arrête mes pas,
Il veut baiser ma main, je ne le permets pas,
Ma resistance augmente son audace ;
Ses yeux étoient ardens, sans cesser d'être doux;
Grande Reine, malgré l'excès de mon courroux
Il approche tout près, m'embrasse ;
J'ai beau me débattre & crier,
Je vois tomber tout ce que j'allois vendre,
Ce dégât doit faire comprendre
Que mon honneur m'étoit plus cher que mon
panier.

BERTHE.

Vous serez bientôt satisfaite,
On punira cette témérité ;
Mais dites vous la vérité?

MARTHON.

Ah ! demandez plutôt à ma sœur Robinette.

ROBINETTE.

J'ai tremblé pour les yeux du pauvre Chevalier.

BERTHE.

En voyant votre sœur en peine,
Vous deviez la défendre.

ROBINETTE.

Hélas ! ma bonne Reine,
N'avoit-il pas son Ecuyer ?

MARTHON.

Ce Chevalier m'avoit fait la promesse
De m'acheter tous mes bouquets :
Hélas ! jugez de mes regrets.
Ah ! que sa parole est traitresse !
Il sembloit s'applaudir de mon air consterné ;
Il m'a laissée & ne m'a rien donné.

BERTHE.

Nous prenons part à votre peine,
(*A des gens de sa suite.*)
Qu'on aille le chercher & que l'on me l'amene.

LE GRAND VENEUR.

Nous allons obéir à Votre Majesté.
(*A Marthon*)
Quel sentier a-t-il pris ?

MARTHON.

Par-là.

LE GRAND VENEUR.

De ce côté ?
(*A des gens de sa suite.*)
Appellez les Piqueurs, qu'ils forment une enceinte,
De nos limiers il va sentir l'atteinte.

MARTHON.

Sans lui faire de mal.

LE GRAND VENEUR.

Partez avec ardeur.
Suivez la piste.

MARTHON.

Ah ! Monseigneur,
Sans lui faire aucun mal.

LE GRAND VENEUR.

Que la trompe resonne,
S'il se défend, montrez de la vigueur.
Je vais voir de cette hauteur,
Si l'on s'acquitte bien des ordres que je donne.

(Il sort.)

MARTHON, ROBINETTE.	BERTHE, *& sa Suite.*
Nous demandons justice,	On vous rendra justice.
Nous demandons justice,	
Nous en aurons justice.	On vous rendra justice.

CHŒUR.

On vous rendra justice.

BERTHE.

Que le téméraire frémisse.

ENSEMBLE.

Que le téméraire frémisse.

BERTHE.

Le sexe est outragé.

CHŒUR.	MARTHON et ROBINETTE.
C'est par nous qu'il sera vengé.	C'est par vous qu'il sera vengé.

Fin du premier Acte.

ACTE SECOND.

La Décoration eſt la même.

SCENE PREMIERE.

LA HIRE *ſeul.*

ARIETTE.

LE maudit animal
Qu'il m'a donné de mal !
Cette maligne béte
S'en va , ta , ta , ta , ta ,
Je crie hola ! hola !
Petit , petit , arréte , arrête ;
Il m'attend tout exprès
Et quand je ſuis tout près ,
Ce beau cheval d'Eſpagne
Hennit , part . ta , ta , ta , ta , ta ,
Hola , hola , hola , la , la.
Les gens de la campagne ,
Vieux , jeunes & marmots ,
Préſentent leurs chapeaux ;

Mais par une ruade,
Mais par une escapade,
Il les campe tous là.
Je le saisis, il m'échappe,
Un homme noir le ratrappe,
Monte dessus, & s'en va,
Ta, ta, ta, ta, ta, ta, ta.

Je le suis promptement
Voyant son entreprise,
Et j'arrive au moment
Que joyeux de sa prise,
Il alloit prudemment
Visiter la valise.
Je me saisis du tout heureusement.

SCENE SECONDE.

ROBERT, LA HIRE.

ROBERT.

A cet affreux revers aurois-je dû m'attendre!

LA HIRE.

Il ne s'agit plus de revers.

ROBERT.

Oh! fatale rencontre!

LA HIRE.

Il ne veut pas m'entendre.

Monsieur.... monsieur.

ROBERT.

            Quel cœur pervers !

LA HIRE

Monfieur.... votre cheval....

ROBERT.

           L'avanture eft affreufe !

LA HIRE.

Votre cheval......

ROBERT.

            Je fuis au défefpoir.

LA HIRE.

Il ne tient qu'à vous de revoir
Cette monture glorieufe.

ROBERT.

Comment pouvois-je le prévoir ;
Inhumaine Marthon !

LA HIRE.

           Cela vous plaît à dire ;
Mais écoutez moi donc.

ROBERT *appercevant la Hire.*

         C'eft toi, c'eft toi la Hire ;
Marthon eft jolie.

LA HIRE.

Oui.

ROBERT.

          Mais fon cœur eft cruel.

LA HIRE.

Mais cela n'eft pas naturel :

Une beauté ne semble naître
Que pour rendre le monde heureux,
Et la nature, mon cher maître,
Ne pouvoit rien imaginer de mieux.

ROBERT.

Quand tu sçauras ma funeste avanture......
Je vais mourir.

LA HIRE.

Je mourrai donc aussi.
Je ne suis attaché qu'à vous dans la nature,
Si vous ne viviez plus, je m'ennuyerois ici.

ROBERT.

Marthon cause ma mort & satisfait sa haine.
Pour chercher mon coursier, lorsque tu m'as
quitté,
Ma malheureuse étoile & me pousse & m'entraîne
A le chercher par un autre côté,
Quand des gardes m'ont arrêté
Et m'ont conduit devant la Reine.

LA HIRE.

Comment, devant son Tribunal?

ROBERT.

Il est tout composé de femmes.

LA HIRE.

Ah! la chose
Ne tournera donc pas si mal,
Vous pouvez gagner votre cause,
Le sexe est indulgent.

ROBERT.

>   Mon crime eſt capital,
> C'eſt cette Cour où l'on rend la juſtice,
> Qu'on nomme Cour d'Amour & c'eſt là que
>   Marthon
>   M'aſſigne en réparation
>   Et s'eſt portée accuſatrice.

LA HIRE.

Ah ! quelle ingratitude, ô Ciel ! le croira-t-on ?
Quel eſt le châtiment que la ſentence porte ?

ROBERT.

La mort !

LA HIRE.

La mort ! la réprimande eſt forte.

ROBERT.

ARIETTE.

>   Pour un baiſer
> Faut-il perdre la vie ?
> Marthon eſt ſi jolie
> Qu'on devoit m'excuſer.
> Qu'une Beauté nous plaiſe,
> On croit ne s'expoſer
> Qu'à mourir d'aiſe
>   Pour un baiſer.

Pour un baiser
Faut-il perdre la vie ?
Marthon eſt ſi jolie,
Qu'on devoit m'excuſer,
Pour un baiſer.

LA HIRE.

Vous pouvez prendre un parti ſalutaire,
C'eſt de vous évader pour vous tirer d'affaire.

ROBERT *fierement.*

Non, non je ne ſçais point vivre honteuſement;
Ma promeſſe n'eſt pas frivole,
Des fers m'enchaîneroient moins fort que mon
ſerment,
Je ſuis libre ſur ma parole.

LA HIRE.

Oui, mais vous la perdrez ſi vous n'y manquez pas.

ROBERT.

Il n'eſt qu'un ſeul moyen qui me feroit abſoudre
Et me délivreroit de l'Arrêt du trépas;
C'eſt une queſtion qu'on me donne à réſoudre
Et qui me jette en un grand embarras.

LA HIRE.

Et quelle eſt-elle ?

ROBERT.

C'eſt de dire
Ce qui ſéduit les femmes en tout tems.

LA HIRE.

LA HIRE.
C'eſt une queſtion pour rire,
Qui peut embarraſſer tout au plus des enfans.

ARIETTE.
Ce qui ſéduit les Dames,
Ce qui gagne leurs âmes,
C'eſt un Amant de bonne foi,
C'eſt moi.
Mon air d'allegreſſe
A l'art d'empecher
La triſteſſe
D'approcher :
Je brille en chantant la tendreſſe ;
Je plais, j'amuſe, j'intéreſſe,
Et je fais rire la ſageſſe,
Quand elle eſt préte à ſe fâcher.

Ce qui ſéduit les Dames,
Ce qui gagne leurs âmes ;
C'eſt un Amant de bonne foi,
C'eſt moi.

ROBERT.
Ta joie inſulte à ma douleur extrême,
Je ſens dans ma poſition
Qu'il n'appartient qu'aux femmes mêmes
Déclaircir cette queſtion.
LA HIRE.
Eh ! bien conſultez-les.
ROBERT.
J'en ai conſulté mille,

C

Sans en être plus avancé.
L'une détruit ce que l'autre a penfé.
Elles ont leur fecret, c'eft chofe difficile
Que de fçavoir....

LA HIRE.

Croyez-en mes Arrêts.
J'ai là-deffus quelque lumiére ;
Je connois leurs goûts à peu près,
Depuis un tems je cours cette carrière :
Chargez moi de vos intérêts.

(*On entend l'annonce de la Ronde du*
Divertiffement.)

En voilà juftement qui m'ont l'air affés drôle,
Pour les interroger, faififfons ces inftans :
Elles ne comptent pas jouer ici le rôle
D'Avocats confultans.

(*On entend encore l'annonce de la Ronde.*)

Voyez, Sire Robert! des mines fi jolies,
Sont les oracles du deftin ;
Leur pouvoir vient de nos folies.

ROBERT.

Je vais être plus incertain.

LA HIRE.

Mais avant de parler à ces Nymphes gentilles,
Un moment examinons-les.
On reconnoît toujours l'efprit des filles
Dans leurs amufemens fecrets.

SCENE TROISIEME.

LA HIRE, ROBERT, DENISE.

*Entrée de Villagoifes gaiantes qui danfent en rond,
fur un air gai & avec la plus grande legerete.*

    *LA HIRE à fon Maître, après que les
Villageoifes ont danfe quelque tems.*

JE vais leur parler, laiffez faire.
    (*Aux Villageoifes.*)
Beautés que la douceur accompagne toujours,
    Votre pitié nous devient néceffaire;
Accordez à mon maître un jufte & prompt fecours,
    Ou bientôt il eft mort.
          ROBERT.
               Hélas je défefpere!
          DENISE.
    Que demandez vous?
          LA HIRE.
               Excufez,
C'eft un homme perdu fi vous le refufez.
          DENISE.
Que faut-il faire afin de vous fauver la vie?
          LA HIRE.
    Vous le pouvez fans contredit,
    Ce qu'on vous demande eft écrit
    Sur votre phyfionomie;
Vous conoiffez les Dames, leur efprit,
    Leur caractère, leur génie,
Et vous fçavez quel point les flatte & les féduit.
               C ij

DENISE.

Mais c'eſt ſelon leur fantaiſie.

LA HIRE.

Oui, mais il en eſt un, où l'on nous trompe fort,
Sur lequel toutes ſont d'accord.

DENISE.

Nous aimer ſans l'oſer dire,
Sans prétendre à des faveurs;
Chérir juſqu'à nos rigueurs,
Etre heureux de ſon martyre;
Reſpect, Amour, rien par de-là;
Voilà ce qui nous plaît.

LA HIRE.

Oui da?

ROBERT.

Qu'en dis-tu mon ami la Hire?

LA HIRE *en ſecouant la tête.*

Ce n'eſt pas tout à fait cela :
(*Aux Villageoiſes.*)
Vous pourriez un peu mieux. . . . un peu mieux
nous inſtruire.

(*La Danſe recommence, & toutes les Villagoiſes
ſans repondre, paſſent devant la Hire & Robert.
La Hire veut arrêter une des Villagoiſes qui lui
donne un ſoufflet.*)

LA HIRE.

L'affaire ne prend pas une bonne tournure;
Mais je vais ſuivre l'aventure.

(*Il ſort.*)

SCENE TROISIEME.

LA VIEILLE, ROBERT.

LA VIEILLE.

BEau Chevalier, quoi vous perdez courage,
Faut-il être plaintif & foible à ce point là ?
Cela ne convient pas, vous avez tort, on a......
Bien des reſſources à votre âge.

ROBERT.

Ma bonne mere, hélas ! ſi vous ſçaviez........
LA VIEILLE.
Oh ! je ſçais tout ſans que vous le diſiez,
J'aime à ſçavoir chaque myſtère,
Quand on eſt vieille on n'a rien de meilleur à
faire.
A parler des Amans j'occupe mon loiſir,
Non pour les cenſurer, ni leur porter envie :
Mais pour ſemer des fleurs ſur l'hyver de ma vie,
Et pour le réchauffer aux rayons du plaiſir.

ROBERT.

De mon malheureux ſort, vous êtes donc inſtruite?
LA VIEILLE.

Je n'y penſe qu'avec effroi,
Cela peut cependant ne point avoir de ſuite ;
Vous le pouvez.

ROBERT.

Comment me souftraire à la loi ?

LA VIEILLE.

Tout dépend de la conduite
Que vous tiendrez avec moi.

ROBERT.

Pouvez-vous soupçonner qu'elle foit équivoque ?
Diffipez mes périls, je vous confacrerai
     Tous mes jours que je vous devrai ;
Mon cœur à chaque inftant en chérira l'époque.

LA VIEILLE.

Hélas ! je n'en répondrois pas ;
   Je ne reconnois plus les hommes.
Ah ! mon enfant, dans le fiécle où nous fommes
   Les jeunes gens font bien ingrats !

ARIETTE.

C'eft une mifere
Que nos jeunes gens !
L'âge dégénere ,
Ah ! le pauvre tems !
Quand j'étois dans ma jeunefle ,
Que les Amans
Étoient charmans !

Qu'ils avoient de politeffe !
Ils étoient ardens ,
Preffans.
On n'en voit plus de cette efpece ;
On n'en voit plus de fi galans.
Ah ! le pauvre tems !
Chacun difoit : ah ! qu'elle eft belle !
Et me juroit amour fidele :
A préfent , eh ! bien , eh ! bien......
On ne me dit plus rien , rien ,
Rien.
Il n'eft plus d'amour fincere ,
Il n'eft plus de cœurs conftans
L'âge dégénere ,
Ah ! le pauvre tems !
Tout eft vanité ,
Fafte fans largeffe ,
Plaifir , fans gayeté ,
Amour fans tendreffe ,
Leur délicateffe
Eft dans leur fanté ,
Ah ! ah ! ah ! ah ! fur mes vieux ans ,
Quel pauvre tems !

ROBERT.

Je blâme leur légéreté ,
Et fur-tout leur ingratitude.

LA VIEILLE.

Hom ! la reconnoiſſance eſt une qualité
Dont on n'a pas aiſément l'habitude.

ROBERT.

Depuis vingt ans j'en ai fait mon étude;
Vous en rendre certaine eſt tout ce que je veux.

LA VIEILLE.

Moi je ne demande pas mieux.
Vous ſemblez né pour attendrir nos âmes;
Et j'aurois du regret qu'un Chevalier ſi preux
Mourut de mort forcée, avant que d'être vieux,
Faute de bien ſçavoir ce qui ſéduit les Dames.

ROBERT.

Vous vous en ſouvenez ?

LA VIEILLE.

Oui, ſoyez en repos,
Beau Chevalier, vous pouvez croire
Qu'il eſt certains points capitaux,
Dont les femmes jamais ne perdent la mémoire.

ROBERT.

De grace & ſans perdre un inſtant,
Découvrez-moi ce ſecret important.

LA VIEILLE.

Je veux mes sûretés.

ROBERT.

Vous ferez obéie.

LA VIEILLE.

Engagez-vous par un ferment sacré,
A former, à tenter, à finir à mon gré
L'entreprise la plus hardie.

ROBERT.

Madame, vous piquez mon intrépidité,
Quelque péril qui m'environne,
Et quelque monftre qui m'étonne;
Je vaincrai la difficulté.
Prenez mon gand, voilà le gage
Que nous donnons pour nous lier;

(Il donne fon gand à la vieille.)

Et pour vous affurer encore davantage,
J'en jure foi de Chevalier.

(Il tire fon épée, & la remet dans le foureau
après avoir fait le ferment.)

LA VIEILLE.

Je fuis contente, allons au Tribunal de Berthe.
Fameux guerrier, prenez-moi par la main.
Je me fais un plaifir d'empêcher votre perte;
Je vous révélerai le fecret en chemin.

DUO dialogué.

ROBERT.

Que voulez-vous ?

LA VIEILLE.

Un prix bien doux,

ROBERT.

Quel est ce prix ?

LA VIEILLE.

Mon fils, mon fils.....

ROBERT.

Ordonnez.

LA VIELLE.

Devinez.

ROBERT.

Ma reconnoissance
Vous répond de tout.

LA VIEILLE.

Et mon assistance
Vient à bout
De tout.

ROBERT.

Sachons d'avance
La récompense
Que vous désirez ;

LA VIEILLE.

Vous le sçaurez.

ROBERT.

Ordonnez, ordonnez,

LA VIEILLE.

Venez, venez.

Fin du second Acte.

ACTE TROISIEME.

Le Théâtre repréfente la grande falle où fe tient la Cour d'Amour & de Beauté. La Reine BERTHE fe place fur fon Tribunal. Les vieilles Dame du Confeil occupent les premiers rangs, & les jeunes vont s'affeoir fur des bancs inférieurs.

SCENE PREMIERE.

BERTHE, L'AVOCATE GÉNÉRALE, LES CONSEILLERES, LE GREFFIER, L'HUISSIER.

BERTHE *à l'Avocate Générale.*

Avocate parlez & rempliffez l'emploi
Qui vous donne le droit de haranguer pour . .i.

L'AVOCATE *aux vieilles.*

O! vous qui de tendresse avez fait votre cours,
Vous dont l'âge & l'expérience
Vous donnerent la connoissance
Des ruses des Amans, & de tous leurs détours :
Secourez-nous de vos lumieres
Dans cette Cour d'un auguste appareil,
Que vos places soient les premieres,
Présidez à notre Conseil.

(Elles se placent à côté de la Reine.)

(Aux jeunes.)

Et vous que les Graces ont faites
Pour plaire & briller sans atours,
Jeunes, gentilles Bachelettes,
Dans le doux Conseil des Amours.
A votre Tribunal affable
Que l'indulgence trouve accès,
A la Cour d'Amour, tout procès
Doit se juger à l'amiable.

(Elles se placent aussi.)

Premiere VIEILLE.

C'est envain qu'un plaideur rusé,
Près de nous voudroit se produire.

Seconde VIEILLE.

Malheur à l'homme assés osé,
Qui tenteroit de nous séduire.

BERTHE.

Maintenant procédons à rendre nos Arrêts
Interprêtons la lettre, apprécions les gloses,
Et sans prévention pesons les intérêts,
Avocate appellez les causes.

L'AVOCATE.
Licidas demandeur,
Philinthe défendeur.

SCENE SECONDE.

LICIDAS, PHILINTE.

LICIDAS.

ARIETTE.

Annette reçoit mes vœux.

PHILINTE.

Annette est ma conquête.

LICIDAS.

Ma couronne a paré ta téte.

PHILINTE.

Et les fleurs de la sienne ont tissu mes cheveux,
J'ai sa couronne.

LICIDAS.

Elle porte la nôtre.

ENSEMBLE.

Qui de nous deux est plus heureux ?

BERTHE.

Tous les deux, & ni l'un ni l'autre.
Quittez Annette,
Elle est coquette :
Suivant nos loix on doit la condamner ;
Une Fillette,
Sage & discrette,
Ne doit jamais recevoir ni donner.

L'AVOCATE.

Lisette complaignante au sujet de Lucas,
Thérese contre Blaise, & pour le même cas,

SCENE TROISIEME.

THERESE, LISETTE.

THÉRESE.

ARIETTE.

UN loup le soir dans la prairie,
Prit ma brebis la plus chérie,
Et malgré mes cris l'emporta;
C'est que Blaise n'étoit pas là.

LISETTE.

Mon troupeau paissoient dans la plaine,
Nou étions près d'une fontaine,
Un de mes agneaux y tomba;
Je n'en vis rien, car Lucas étoit là.

THÉRESE.

Comment me défendre seulette?

LISETTE.

Quand je le vois je suis distraite.

THERESE.

C'est sa faute, il n'étoit pas là.

LISETTE.

Il a grand tort, il étoit là.

ENSEMBLE.

THERESE. C'est sa faute, il n'étoit pas là.

LISETTE. Il a grand tort, il étoit là.

BERTHE.

Pour que Lisette
Sois moins distraite;
Sans différer qu'elle épouse Lucas,
Pour fixer Blaise
Près de Thérese,
Nous ordonnons qu'il ne l'épouse pas.

SCENE QUATRIEME.

ROBERT, L'AVOCATE, BERTHE, LES CONSEILLERES, *Les Acteurs précédens.*

L'AVOCATE.

ROBERT accufé par Marthon.

BERTHE.

Son fort me fait pitié.

UNE DES CONSEILLERES.

J'en ai l'ame faifie;

UNE AUTRE CONSEILLERE.

J'aime fa phyfionomie.

UNE AUTRE CONSEILLERE.

Il mérite fa grace, étant fi beau garçon.

BERTHE.

Approchez Chevalier, votre air noble & modefte,
Me fait gémir fur la néceffité,
Qui m'a dicté
Une Sentence fi funefte;
Il n'eft qu'un feul moyen d'éviter votre Arrêt.
Chevalier pouvez-vous réfoudre
La queftion qui va vous perdre ou vous abfoudre,
En un mot avez-vous trouvé ce qui nous plaît ?

ROBERT.

ARIETTE.

Ce qui plaît à toutes les Dames,
N'est pas facile à définir.
Il faudroit pénétrer leurs âmes
Et comment y parvenir ?
A chaque instant leur goût varie,
Un seul point flatte leur envie,
Un point qui doit les réunir ,
    Je vais le dire ,   [*bis.*]

    Plaire, charmer, séduire ,
Est un bonheur dans leur printems ;
Mais gouverner , avoir l'empire ,
Est leur plaisir dans tous les tems.

BERTHE *avec le Chœur.*

Il triomphe , qu'il soit absous ,
L'Amour le conserve pour nous.

L'AVOCATE.

Nouvel Œdipe , dans ce jour ,
Votre esprit pénétrant , vous a sauvé la vie.

BERTHE.

Modèle glorieux de la Chevalerie,
Soyez l'ornement de ma Cour.

ROBERT.

Avec ma liberté je reprends mon armure ,
J'employerai l'un & l'autre à servir votre État.
    C'est par des actions d'éclat
Que de mon zèle ardent, je veux vous rendre sûre.

SCENE

SCENE CINQUIEME.

LA VIEILLE, *Les Acteurs précédens.*

LA VIEILLE à *Robert.*

ARIETTE.

Tout doucement ;
Plus lentement,
Mon cher enfant,
Vous étes triomphant
J'en ai toute la gloire ,
Et vous devez ,
Si vous avez
Bonne mémoire ,
Beau Chevalier ,
M'en bien payer ;
 Oyez,
 Ayez
Reminifcence.
Sans vous fâcher ;
Je viens chercher
Ma récompenfe.

L'AVOCATE.

Comment donc que vient nous conter
Cette figure furannée?

ROBERT à *l'Avocate.*

Gardez-vous de la maltraiter,

D

(A la Reine.)
Grande Reine, elle seule à fait ma destinée.

LA VIEILLE.
Oui par mes soins, l'affaire est terminée.

L'AVOCATE.
On ne voit point ici Marthon,
On lui doit réparation.

LA VIEILLE.
Oh ! Marthon ! Marthon est contente ;
J'ai son désistement, sa procuration,
Et c'est moi qui la représente.

L'HUISSIER.
Paix là, faites attention.

LA VIEILLE,
Un premier mouvement se passe ;
Marthon en l'accusant, vouloit qu'on lui fît grace.
Qui ne la feroit point à ce preux Chevalier ?
Jeunesse est une excuse, on doit tout oublier.

ROBERT.
Que ne vous dois-je pas, ma bonne & chere amie?

BERTHE.
Apprenez moi par quel moyen
Elle a pu du péril, garantir votre vie ?

LA VIEILLE.
Je vais vous dire tout & sans supercherie ;
J'aime à parler, c'est tout mon bien :

Quand j'ai ſçu l'affreuſe diſgrace,
Qui de ce Chevalier cauſoit le déſeſpoir,
Je m'en ſuis approchée exprès pour le mieux
    voir.
C'eſt le profit de ceux dont la vue eſt trop baſſe.
Mon ame fut toujours facile à s'émouvoir :
Son trouble, ſon air doux & ſon gentil langage
    M'ont fait ſentir que ce ſeroit dommage
      De laiſſer mourir ſans ſecours
      Un beau Chevalier dont les jours
    Pour ceux d'autrui ſeroient un avantage.
Jurant de déférer à ce qu'il me plairoit,
(Serment de Chevalier ne peut être frivole :)
    Il a tiré de moi notre ſecret,
Et je viens le ſommer ici de ſa parole.

BERTHE.

Qu'avez vous à répondre à ce beau Plaidoyer ?
    Parlez illuſtre Chevalier.

ROBERT.

La Vieille en cet inſtant vient de dire à la lettre
    L'exacte & ſimple vérité :
    Quand je ſçaurai quelle eſt ſa volonté,
Ma gloire & mon devoir feront de m'y ſoumettre.

LA VIEILLE.

Eh bien donc ! réjouiſſez vous
Mon doux ami, vous ſerez mon époux.

ROBERT.

Quelle horreur !

LA VIEILLE.

Cette épithalame
N'est pas fade ; mais vous verrez
Qu'avec le tems vous m'aimerez.
Prenez donc par la main votre petite femme.

ROBERT.

Sur cet affreux objet jetter un seul regard !
Ah ! j'aime mieux subir ma premiere Sentence.

BERTHE.

Bonne mere, à vos droits la Cour ayant égard,
Vous adjuge la recréance.

ROBERT, *en sortant.*

O Ciel ! à quel malheur me trouvai-je réduit !

LA VIEILLE *en le suivant.*

Tu n'échapperas pas, va ta Vieille te suit.

BERTHE.

C'en est assez, terminons la Séance,
Et de nos Provinceaux que la fête commence.

(On danse.

Fin du troisiéme Acte.

ACTE QUATRIEME.

*Le Théâtre repréſente l'intérieur d'une pauvre Chau-
miere, on voit d'un côté une vieille table à demi
rompue ; quelques eſcabeaux délabrés, & dans
le fond un arrière-Cabinet à côté qui ſe ferme par
un rideau.*

SCENE PREMIERE.
ROBERT, LA HIRE.

*Robert eſt au bout de la table, la tête appuyée ſur
ſes deux mains.*

LA HIRE.

CETTE maiſon n'eſt ni riche ni vaſte,
Et notre vieille ne doit pas
Redouter le ſoupçon de donner dans le faſte.

D iij

ROBERT.

Quelle est ma destinée ? hélas !

LA HIRE.

Je ne vous trouve point à plaindre ;
N'êtes vous pas heureux, ayant eu tout à craindre ?
Allons, montrez un esprit fort,
Beaucoup de jeunes gens envieroient votre sort,
Pour qui n'a rien, une Chaumiere
Devient la demeure d'un Roi ;
Une lampe est un lustre éclatant de lumiere,
Ne trouve pas qui veut des vieilles.

ROBERT.

Eh ! pourquoi
Combles-tu mes chagrins en y joignant l'outrage ?

LA HIRE *avec attendrissement.*

Ah ! bien loin de vous affliger,
Je voudrois de grand cœur pouvoir vous soulager;
Votre épouse paroît, le devoir vous engage......
Mon cher maître prenez courage.

SCENE SECONDE.

LA VIEILLE, ROBERT, LA HIRE.

LA VIEILLE *portant un panier à son bras.*

ARIETTE.

NOus allons ici
Souper téte à téte,
Mon doux Ami ,
Pour moi quelle fête !
J'apporte à mon bras
Le petit repas.
Ces mets
Sans apprets
Ne font pas
Délicats ;
Mais
Un repas frugal
Eft un régal,
Quand l'Amour l'affaifonne,
Le Plaifir donne
Du goût
A tout.
Ah ! ah !
Voilà
La petite bouteille
De fine liqueur ,
Qui réveille , réveille ;
Réveille le cœur.
Après le repas
Ah ! ah !
N'eft-ce pas ?
La petite bouteille
De fine liqueur ,
Réveille , réveille ;
Réveille le cœur.

ROBERT.

Madame....
LA VIEILLE.
Quel air froid! seriez-vous un ingrat?
Vous, vous qui sur l'honneur êtes si délicat.

(La Vieille tire de son panier les provisions,
& prepare la table.)
LA HIRE.
Ah! si mon maître a peine à rompre le silence,
C'est qu'il ne trouve point de termes assés forts
Pour..... & n'en trouvant point alors....
L'excès de sa reconnoissance....
Lui coupe la parole.
LA VIEILLE.
Eh! je l'en aime mieux;
Mais je voudrois qu'il eût une autre contenance,
Le jour qu'on se mari, on doit être joyeux,
Soyez gai Chevalier.
ROBERT.
Je suis né sérieux.

(A la Hire.)
Prends mon cheval & mon armure,
La Hire, je t'en fais présent.
LA VIEILLE *continuant d'arranger la table.*
Un plat de buis sert comme un plat d'argent,
ROBERT.
Annonce à mes pareils, ma funeste avanture,
L'état affreux où je suis à présent.
LA VIELLE, *toujours occupée aux apprets*
du repas.
Et lorsqu'on est heureux, on n'est point indigen

LA HIRE.

Quand on croit tout perdu, la fortune feconde.

ROBERT.

D'un maître qui t'aimoit, mon ami, fouviens-toi,
Il n'eft plus de Robert au monde.

LA VIEILLE.

Vous foupirez, & je ne fçais pourquoi.

LA HIRE.

Cette avanture enfin n'eft pas des plus cruelles,
Oui, ne defefperez de rien.
Je ne veux pas troubler votre entretien,
Je reviendrai bientôt fçavoir de vos nouvelles.

ARIETTE.

Un Chevalier plein de courage,
Doit affronter tous les dangers,
Les vents, la tempête & l'orage,
Pour lui font des maux paffagers.
Au-deffus d'une âme commune,
Par fa mâle intrépidité,
Il doit ramener la Fortune.
Et fubjuguer l'Adverfité.

Un Chevalier plein de courage, &c.

SCENE TROISIEME.

ROBERT, LA VIEILLE.

LA VIEILLE.

MON ami, mettons nous à table,
Nous allons faire un repas agréable,
Ça, placez-vous à mon côté.
Vous vous obſtinez à vous taire !
Je n'aime point la taciturnité,
Et je prétends, ſans vous déplaire,
Refondre votre caractere,
Vous êtes un enfant gâté.

ROBERT.

L'entrepriſe à mon âge, eſt un peu difficile.

LA VIEILLE.

Eh ! bon, bon, votre âge n'eſt rien.
Si je pouvois changer le mien,
Je vous trouverois plus docile.

ROBERT.

Je penſe que vous feriez bien.

LA VIEILLE.

Sachez que notre âge eſt le même,
Et qu'on eſt jeune tant qu'on aime.
Qui dit vieilleſſe, dit inſenſibilité.
Si nous n'avons reçu qu'une âme languiſſante,
Nous tombons, en naiſſant, dans la caducité ;
Mais cette flamme active & pénétrante,
L'Amour ce vrai préſent de la Divinité,

Dans nos cœurs qu'il échauffe, arrête la Jeuneffe;
Il conferve, il nourrit le feu de nos beaux ans,
   Et fait fouftraire la Vieilleffe
   A la rapidité du tems.

ROBERT, *à part.*

   Ce paradoxe eft vraifemblable,
   Elle pourroit perfuader,
Si l'on pouvoit ne la pas regarder.

LA VIEILLE.

   Si votre efprit eft équitable,
   Vous êtes de mon fentiment;
Qu'avez-vous à répondre à mon raifonnement?

ROBERT.

Que vous êtes fort refpeétable.

LA VIEILLE.

   Une Vieille pleine d'égards,
   A fon époux adreffe fes regards;
Pour lui plaire, faifit la moindre circonftance,
   Sa maifon feule occupe tous fes foins,
   Elle épargne, l'époux dépenfe;
Elle n'eft pas coquette, & comme on lui doit
     moins
Elle a plus de reconnoiffance.

ROBERT.

Oui; mais je crois qu'on l'en difpenfe.

LA VIEILLE.

Je ne suis pas si fort à rebuter.

ROBERT, *à part.*

J'ai du plaisir à l'écouter ;
(*Haut avec sentiment.*)
On peut avoir pour vous l'amitié la plus grande.

LA VIEILLE.

Eh ! mon enfant, voilà tout ce que je demande,
Dans l'âge de l'amour sait-on en profiter ?
Le Plaisir à nos yeux brille pour disparoître,
On dissipe le tems souvent sans le connoître,
Quand on s'en apperçoit on ne peut l'arrêter :
L'âge de l'amitié, c'est l'âge où l'on moissonne ;
C'est l'âge d'un bonheur qui ne peut nous quitter ;
Le tems augmente encore les présens qu'elle donne
Et sans cesse on jouit au lieu de regretter.

ROBERT.

Oui, mais.....

LA VIEILLE.

Votre Marthon vous tourne la cervelle ;
Vous voudriez lui consacrer vos jours,
Si j'étois jeune & jolie autant qu'elle,
Vous feriez le serment de m'adorer toujours.

ROBERT.

Ah ! oui, toujours, toujours.

LA VIEILLE.

Oui, mais si quelque orage
Flétrissoit, détruisoit la fleur de mon printems,
Si j'essuyois des ans l'infaillible ravage,
Que deviendroient tous vos sermens?

ROBERT.

Alors.....

LA VIEILLE.

Bruleriez-vous du feu qui vous posséde;
Et scrupuleusement garderiez vous la foi
A Marthon, devenue aussi vieille aussi laide
Que je le suis? regardez moi.

ROBERT *la regarde & détourne les yeux*
aussitôt.

Cette épreuve seroit terrible.....
Si Marthon devenoit.... la chose est impossible.

LA VIEILLE.

Ah! j'entends, pour vos feux, l'écueil seroit fatal;
Voilà ce Chevalier généreux & loyal,
Devenu parjure & volage.

ROBERT.

Eh!....

LA VIEILLE.

Votre gloire en souffriroit;
Mais si vous me rendiez hommage,
Songez à tout l'honneur que cela vous feroit.

ROBERT.

Il est vrai..... mais.....

LA VIEILLE.

Toutes les bonnes Dames
Qui de la Reine Berthe embelliffent la Cour,
Graveroient votre nom dans le fond de leurs âmes.
Placeroient votre bufte au Temple de l'Amour,
Votre fidélité célébrée & chérie
Annonceroit en tout pays
Le modèle parfait de la Chevalerie.
Hem, m'entendez vous, mon cher fils?

ROBERT.

Ah! ma bonne, pourquoi me forcer à vous dire
Que Marthon fur mon cœur conferve fon empire?
Pour attaquer mes jours, je fçais ce qu'elle a fait;
Mais malgré fa trame cruelle,
Son afcendant l'emporte & triomphe toujours;
Vous avez confervé mes jours,
Je ne les chéris que pour elle.

LA VIEILLE.

C'en eft trop, je ne puis endurer tes mépris,
Je pourrois te citer au Tribunal de Berthe,
De ta déloyauté tu recevrois le prix;
Mais j'aime mieux mourir que de caufer ta perte.

ROBERT.

Non, vos jours me font chers; mais fongez........

LA VIEILLE.
Laiſſe-moi,
(La Vieille ſe retire dans le cabinet.)

Ne me ſuis pas, va je te rends ta foi :
Applaudis-toi de ton ouvrage,
Je cède à mon deſtin affreux ;
Je m'affoiblis.... la mort vient obſcurcir mes yeux.

ROBERT.
Tous mes ſens ſont émus de cette triſte image.

LA VIEILLE.
Tu ne reverras plus ta bonne vieille, hélas !
Elle ſouhaite, au lieu de venger ſon trépas,
Qu'une autre t'aime davantage.

ROBERT.
Qu'entends-je !
LA VIEILLE.
Gardez-vous de le punir, grands Dieux !
Il termine mes jours, rendez les ſiens heureux.
Adieu cruel, adieu, j'expire & je t'adore,
Lorſque tu me perces le cœur.
Dans mes derniers momens, j'ai la foibleſſe encore
De craindre que ma mort ne te porte malheur.

*(La Vieille tire le rideau du Cabinet pour ſe cacher
aux yeux de Robert.)*
ROBERT.

Vivez, vivez ma reſpectable bonne,
La perte de vos jours cauſeroit mon trépas ;

Difposez de mon fort, Marthon que j'abandonne...
La pitié, le devoir, l'honneur, tout me l'ordonne.
Oui je jure....
LA VIEILLE.
N'achevez pas.

SCENE CINQUIEME.

ROBERT , LA FÉE URGÈLE *fous les traits de* MARTHON, **ROBINETTE, NIMPHES** *de la Suite* D'URGELE.

(Le Théâtre change, la Chaumiere eft transformée en un Palais magnifique , & la Fée Urgele paroît fur un trône brillant , environnée de Nymphes de fa fuite.)

ROBERT.
O Ciel ! quel éclat m'environne !
LA FÉE URGÈLE.

ARIETTE.
Fidéle Amant, foyez heureux ;
Mon cœur eft fatisfait de votre obéiffance.
Vous avez rempli tous mes vœux,
Venez partager ma puiffance,
Vous avez rempli tous mes vœux.

Fidéle Amant, foyez heureux , &c.

ROBERT.
Que vois-je ! c'eft Marthon, oh Dieu ! par quel
prodige....

SCENE

SCENE SIXIEME & *derniere*.

LA HIRE, DES CHEVALIERS *amis de Robert.* **LA FÉE URGELE, ROBINETTE.** *Les Acteurs precédens.*

LA HIRE *suivi des Chevaliers errans, amis de Robert.*

J'AMENE ici vos Chevaliers. . . . . où suis-je ?

LA FÉE URGELE *à Robert.*

J'ai trop joui de ton erreur.
La vieille étoit Marthon, & Marthon est Urgele,
Des braves Chevaliers, protectrice fidèlle.
Depuis long-tems j'admirois ta valeur,
Et je sentis bientôt qu'en admirant on aime.
Sous des traits différens, quand j'éprouvois ton
 cœur,
En te cachant mon rang & ma grandeur,
Je voulois ne devoir ton amour qu'à moi-même.

LA HIRE *à Robert.*

Ce n'est pas jouer de malheur.

ROBERT.

Vous avez commencez par me paroître aimable ;
Et mes feux sont plus forts que mon ambition ;
A mes regards surpris la Fée est respectable :
Mais je suis plus content de retrouver Marthon

LA FÉE.

A la beauté tout rend les armes,
Mais il est des biens plus flateurs,
Pour fixer, enchaîner les cœurs,
L'esprit, les sentimens valent mieux que les
charmes ;
Les fruits durent plus que les fleurs.

*(Robert présente la main à la Fée pour la conduire
à son trône, & se place à côté d'elle.)*

ROBINETTE.

La Hire, je suis Robinette.

LA HIRE.

Un peu sorciere aussi, qu'importe, je t'entends.

ROBINETTE.

Je suis à toi.

LA HIRE.

L'aventure est complette.

ROBINETTE.

Oui, mais ne soyez plus des Chevaliers errans.

DUO.

ROBERT, LA FÉE.

Jouissons d'un bonheur suprême,
L'Amour couronne notre ardeur.

CHŒUR.

Jouissez d'un bonheur suprême,
L'Amour couronne votre ardeur.

LA FÉE.

A tous les biens je préfére ton cœur,
C'eſt pour toujours, oui pour toujours que j'aime.

ROBERT.

J'ai tous les biens lorſque j'ai votre cœur ;
C'eſt pour toujours, oui pour toujours que j'aime.

ROBINETTE.

La Hire m'aime, & la Hire a mon cœur.
Je l'aimerai toujours, toujours de même.

LA HIRE.

Vous nous trompiez pour avoir notre cœur,
Attrapez-nous toujours, toujours de même.

LA FÉE.
ROBERT.
ROBINETTE.
LA HIRE.
{ Jouiſſons d'un bonheur ſuprême,

{ L'Amour couronne notre ardeur,

CHŒUR.

Jouiſſez d'un bonheur ſuprême,
L'Amour couronne votre ardeur.

Jouiſſez du bonheur ſuprême,
Vous méritez que la beauté vous aime.

*[Les Chevaliers Errans danſent avec les Nymphes de
la Suite de la FÉE URGELE, & viennent rendre
hommage à ROBERT & à la FÉE, ce qui forme
un Ballet qui termine la Piéce.]*

FIN.